MW01715174

La Fabuleuse Entraîneuse

De la même auteure chez Québec Amérique

Jeunesse

SÉRIE CHARLOTTE

La Fabuleuse Entraîneuse, coll. Bilbo, 2007, nouvelle édition 2017.
L'Étonnante Concierge, coll. Bilbo, 2005, nouvelle édition 2017.
Une drôle de ministre, coll. Bilbo, 2001, nouvelle édition 2016.
Une bien curieuse factrice, coll. Bilbo, 1999, nouvelle édition 2015.
La Mystérieuse Bibliothécaire, coll. Bilbo, 1997, nouvelle édition 2015.
La Nouvelle Maîtresse, coll. Bilbo, 1994, nouvelle édition 2015.
Une gouvernante épatante, coll. Bilbo, 2010.

La Nouvelle Maîtresse, Livre-Disque, 2007.

La Vérité sur les Vraies princesses, album, 2012.

SÉRIE JACOB JOBIN

La Grande Quête de Jacob Jobin, Tome 3 – La Pierre bleue, coll. Tous Continents, 2010.
La Grande Quête de Jacob Jobin, Tome 2 – Les Trois Vœux, coll. Tous Continents, 2009.
La Grande Quête de Jacob Jobin, Tome 1 – L'Élu, coll. Tous Continents, 2008.

SÉRIE ALEXIS

Macaroni en folie, coll. Bilbo, 2009.
Alexa Gougougaga, coll. Bilbo, 2005.
Léon Maigrichon, coll. Bilbo, 2000.
Roméo Lebeau, coll. Bilbo, 1999.
Toto la brute, coll. Bilbo, 1998.
Valentine Picotée, coll. Bilbo, 1998.
Marie la chipie, coll. Bilbo, 1997.

SÉRIE MARIE-LUNE

Pour rallumer les étoiles – Partie 2, coll. Titan+, 2009.
Pour rallumer les étoiles – Partie 1, coll. Titan+, 2009.
Un hiver de tourmente, coll. Titan, 1998.
Ils dansent dans la tempête, coll. Titan, 1994.
Les grands sapins ne meurent pas, coll. Titan, 1993.

Ta voix dans la nuit, coll. Titan, 2001.

SÉRIE MAÏNA

Maïna, Tome II – Au pays de Natak, coll. Titan+, 1997.
Maïna, Tome I – L'Appel des loups, coll. Titan+, 1997.

Adulte

Mon fol amour, coll. Tous Continents, 2017.
Le Pari, coll. Tous Continents, 1999, nouvelle édition en format de poche, coll. Nomades, 2016.
Chronique d'un cancer ordinaire – Ma vie avec Igor, hors coll., 2014.
Pour que tienne la terre, coll. Tous Continents, 2014.
Là où la mer commence, coll. Tous Continents, 2011.
Au bonheur de lire, Comment donner le goût de lire à son enfant de 0 à 8 ans, coll. Dossiers et Documents, 2009.
Pour rallumer les étoiles, coll. Tous Continents, 2006.
Marie-Tempête, coll. Tous Continents, 1997.
Maïna, coll. Tous Continents, 1997, nouvelle édition 2014.
La Bibliothèque des enfants, Des trésors pour les 0 à 9 ans, coll. Explorations, 1995.
Du Petit Poucet au Dernier des raisins, coll. Explorations, 1994.

DOMINIQUE DEMERS

Illustrations de Fabio Pellegrino

La Fabuleuse Entraîneuse

À Jasmine,
Parce que les champions ne sont pas toujours ceux qu'on croit.

Québec Amérique

Projet dirigé par Stéphanie Durand, éditrice

Conception graphique : Claudia Mc Arthuret Nicolas Ménard
Correction d'épreuves : Isabelle Pauzé
Illustrations : Fabio Pellegrino

Québec Amérique
7240, rue Saint-Hubert
Montréal (Québec) Canada H2R 2N1
Téléphone : 514 499-3000, télécopieur : 514 499-3010

Nous reconnaissons l'aide financière du gouvernement du Canada par l'entremise du Fonds du livre du Canada pour nos activités d'édition.

Nous remercions le Conseil des arts du Canada de son soutien. L'an dernier, le Conseil a investi 157 millions de dollars pour mettre de l'art dans la vie des Canadiennes et des Canadiens de tout le pays.

Nous tenons également à remercier la SODEC pour son appui financier. Gouvernement du Québec – Programme de crédit d'impôt pour l'édition de livres – Gestion SODEC.

Canada

Conseil des arts du Canada Canada Council for the Arts

SODEC Québec

Catalogage avant publication de Bibliothèque et Archives nationales du Québec et Bibliothèque et Archives Canada

Demers, Dominique
La fabuleuse entraîneuse
Nouvelle édition avec illustrations intérieures.
Édition originale : Montréal : Québec Amérique jeunesse, 2007.
Pour les jeunes.
ISBN 978-2-7644-3478-9
I. Pellegrino, Fabio. II. Titre.
PS8557.E468F32 2017 jC843'.54 C2017-940885-2
PS9557.E468F32 2017

Dépôt légal, Bibliothèque et Archives nationales du Québec, 2017
Dépôt légal, Bibliothèque et Archives du Canada, 2017

quebec-amerique.com

Imprimé au Canada

À mon frère André
et aux élèves de l'école
Marie-de-l'Incarnation

1

Le défi de Yvette Pénible

Quand je l'ai vue arriver, j'ai failli me SAUVER. Je ne m'attendais vraiment pas à ÇA. Ma cousine Marie m'avait pourtant averti :

— Tu vas voir, Jérémie. Mademoiselle Charlotte est vraiment... **DIFFÉRENTE**.

Disons que je ne pensais pas qu'elle

serait *si* différente. Marie ne m'avait pas mentionné que cette Mademoiselle Charlotte était LONGUE et mince comme une asperge, qu'elle était pas mal *vieille* et bizarrement vêtue et qu'elle portait un GRAND chapeau sur la tête, un peu comme un chapeau de sorcière mais avec une petite bosse ronde au lieu d'un bout pointu.

Je n'ai rien contre l'originalité. Le problème, c'est que cette Mademoiselle Charlotte n'avait pas été invitée à un bal costumé. Elle venait nous secourir. Nous sauver la vie presque. Moi, en tout cas, c'est comme ça que je le voyais.

Sa mission était simple et claire : entraîneuse de l'équipe de soccer de L'Anse-aux-Canards. *Mon* équipe de soccer ! Celle qui doit absolument écraser l'équipe de la **Baie-des-Bleuets** au match de fin d'année. Et quand je dis absolument, je n'exagère pas. C'est d'ailleurs **ÇA**, le problème…

Notre directrice, Paulette Pénible, est la sœur jumelle de Yvette Pénible, la directrice de l'école de la **Baie-des-Bleuets**. Les deux directrices sont en CHICANE depuis la maternelle, ou presque, et elles se disputent encore sur tout. Cette fois, chacune veut que son école porte le nom de Tony Brillant, la grande étoile du soccer international. Tony Brillant habite maintenant en Angleterre, mais il est né à mi-chemin entre L'Anse-aux-Canards et la **Baie-des-Bleuets**.

Nous, les élèves, on s'en fiche

complètement. Le nom de notre école ne change rien à nos vies. Mais on est quand même pris dans un affreux pétrin !

Il y a quelques semaines, Yvette Pénible a lancé un **DÉFI** à sa sœur Paulette, notre directrice : l'école qui remportera le grand match de soccer de fin d'année deviendra l'École Tony Brillant. Depuis, tous les matins, à huit heures trente-huit minutes, Paulette Pénible hurle à l'interphone :

Quand j'entends ça, j'ai des nœuds dans l'estomac.

Nos adversaires ont trouvé un entraîneur redoutable : Vincent Vaillant, le mari de Yvette Pénible, un ex-colonel d'armée archi-sévère, TRÈS DISCIPLINÉ et HORRIBLEMENT DÉTERMINÉ. Il est prêt à tout pour gagner.

En apprenant la nouvelle, notre entraîneur, Bob Bibeau, a démissionné. Et personne ne veut le remplacer. Tout le monde trouve bien trop effrayant de se mesurer à Vincent Vaillant !

Le jour où notre entraîneur nous a laissés tomber, j'ai téléphoné à ma cousine Marie. J'avais besoin de quelqu'un à qui me confier. Marie m'a encore parlé de cette Mademoiselle Charlotte qui a changé sa vie. Et c'est là que nous avons concocté un plan.

Marie a téléphoné à Paulette Pénible en se faisant passer pour une directrice d'école qui avait un entraîneur à lui conseiller. Ma cousine est une excellente actrice. Elle a tellement bien vanté les mérites de Mademoiselle Charlotte que PP – c'est le surnom de notre directrice – a accepté de l'embaucher sans même la rencontrer !

Il ne nous restait plus qu'à retrouver cette fameuse Mademoiselle Charlotte. Petit problème : **ELLE N'A PAS D'ADRESSE !** Marie a eu l'idée de lui laisser un message dans la rubrique des petites annonces du site Kibibi. Et ça a marché ! Je n'ai pas trop compris comment. Le texte de l'annonce ressemblait un peu à un code secret. Je me souviens seulement qu'il était question d'une certaine *Gertrude*.

Mais tout ça n'est pas très important. Ce qui compte, c'est qu'on doit **absolument** performer au grand match de fin d'année. Sinon ? C'est la HONTE pour l'équipe. Si on se fait écraser, des centaines de spectateurs vont se MOQUER de nous. Pas juste les partisans de nos adversaires ! Mes voisins, mes parents, mes copains et toutes les filles de l'école seront

témoins de notre déconfiture. Et ce n'est pas le pire ! Le pire, c'est que mon père va me répéter qu'il est déçu de moi pendant des semaines, sinon des années. Et *ça*, c'est vraiment *trop* pénible.

Je DÉTESTE le soccer pour un million de bonnes raisons. La première, c'est que je suis poche. Vraiment poche. Comme dans nul, pas bon, moche, lamentable, minable. Si j'avais le choix, je jouerais aux

échecs, pas au soccer ! Ma force à moi, c'est la **stratégie**. Je suis vraiment bon pour inventer des tactiques, prévoir des plans d'attaque, surprendre l'adversaire. Malheureusement, mon père est maniaque de soccer et propriétaire de la boutique Sport Plus. C'est lui qui a **FORCÉ** Bob Bibeau à me prendre dans l'équipe.

C'est la faute à mon père si je suis inondé d'insultes par Frederico Ferros, notre meilleur compteur. Lui, c'est un véritable champion empoisonneur. Sa spécialité ? Me crier à tue-tête devant un troupeau de filles :

« JÉRÉMIE POURRI ! »

Hier, quand Fred a vu Mademoiselle Charlotte entrer dans le gymnase, il n'a pas pensé une seconde que ça pouvait être notre nouvelle entraîneuse. Les autres non plus d'ailleurs. Mes coéquipiers ont continué à me poser des questions sur cette mystérieuse Mademoiselle Charlotte qu'on attendait avec IMPATIENCE. Avait-elle déjà joué dans une ligue réputée ? Entraîné une équipe renommée ?

Je ne savais pas quoi répondre. Ma cousine était persuadée que son ancien professeur était la *meilleure* candidate sur la planète, mais elle ne m'avait pas dit pourquoi. J'allais inventer une réponse lorsque l'étrange dame s'est arrêtée devant nous. Cette espèce de haricot coiffé d'un chapeau bizarre pouvait-elle être notre nouvelle entraîneuse ? L'angoisse me collait au ventre.

Elle s'est immobilisée et elle a simplement souri en posant tranquillement son regard BLEU JOYEUX sur chacun de nous. Après quelques instants d'étonnement, Jasmine Jolie, la meilleure coureuse de l'équipe et sûrement la plus polie, a demandé :

— Est-ce qu'on peut vous aider ?

Le grand céleri a répondu :

— *Oh non ! C'est moi qui suis venue vous aider.*

Là, elle a fait une drôle de **pirouette** suivie d'une révérence, comme dans les films lorsqu'un servant s'incline bien bas devant un roi. Puis elle a déclaré :

— *Je suis Mademoiselle Charlotte. Votre nouvelle entraîneuse !*

Dix paires d'yeux se sont braquées sur moi. Dix paires d'yeux m'ont fusillé en même temps. Je pense que tous les joueurs auraient préféré que notre directrice elle-même, l'exécrable PP, s'improvise entraîneuse.

Ils songeaient sûrement à me trancher en rondelles lorsque Mademoiselle Charlotte a annoncé :

— *Aujourd'hui, nous allons apprendre à perdre.*

C'est **EXACTEMENT** ce qu'elle a dit ! Mes coéquipiers étaient tellement sidérés qu'ils n'ont même pas songé à me réduire en fricassée.

Ils sont restés cloués au sol… et ils l'ont écoutée.

2

Qui veut du smalalamiam ?

Ce n'était pas une blague. L'objectif de Mademoiselle Charlotte à ce premier entraînement était de nous apprendre à **perdre**. Mais avant, elle a dû convaincre Fred Ferros de nous suivre sur le terrain.

— *Au soccer, il y a toujours une équipe qui gagne et l'autre qui perd*, a-t-elle expliqué. *C'est donc très important d'apprendre à perdre.*

Une victoire, c'est heureux, mais une défaite, ça peut être encore mieux!

Fred lui a coupé la parole:

— O.K. le clown! Ça suffit. **VOUS** avez appris à perdre mais **NOUS**, on sait jouer et on est là pour **GAGNER**. Si vous en doutez, parlez-en à PP.

Nous étions tous d'accord avec Fred. Il y a eu un bref moment de silence. Comme dit Laurent, le comique de l'équipe, on aurait entendu un pou penser.

— *Vous savez jouer ?* a demandé Mademoiselle Charlotte avec l'air de ne pas en être sûre. *Alors... montrez-moi !*

On a tous bondi sur nos pieds.
Sauf Fred.

— **À une condition**, a-t-il négocié. Montrez-nous d'abord que **VOUS** savez jouer. Disons qu'on pourrait en douter.

Des rires ont fusé. Mademoiselle Charlotte n'a même pas eu l'air d'entendre.

— *Oh oui ! Youpi !* s'est-elle exclamée en applaudissant comme une enfant.

Nous avons quitté le gymnase pour aller dehors, sur le terrain. Je n'avais pas remarqué que notre nouvelle entraîneuse portait un drôle de sac en poil de je ne sais trop quoi. Elle l'a ouvert et en a retiré un **ballon de soccer**. Un ballon en apparence parfaitement normal. Je me suis senti soulagé jusqu'à ce que Mademoiselle Charlotte ajoute :

— *Je vous présente Anatole !*

Là, franchement, on a tous eu envie de se sauver. Sauf qu'on n'a pas eu le temps parce que Mademoiselle Charlotte s'est mise à jouer avec Anatole. Comme une **PRO** ! Ce fut tout un numéro. Elle l'a fait rouler sur ses épaules, rebondir sur ses genoux, sa tête, ses fesses, son dos… Fred avait les **YEUX RONDS** comme des roues de camion.

— Où avez-vous appris ça ? a demandé Laurent quand Mademoiselle Charlotte s'est arrêtée, les yeux *brillants* et pas même essoufflée.

— *Oh ! Anatole et moi, on se connaît depuis tellement longtemps...*

• • •

Dix minutes après le début du jeu, notre nouvelle entraîneuse marquait son troisième but. Elle ne jouait pas seulement bien. Elle jouait avec un PLAISIR ÉPATANT. Comme s'il n'y avait rien au monde de plus amusant que de courir après un ballon noir et blanc.

D'habitude, les entraîneurs *regardent* les joueurs. Ils sont là pour observer, CRITIQUER, HURLER DES ORDRES, DISTRIBUER DES CONSEILS... et ENGUEULER ceux qui font des erreurs. Je le sais, j'y ai goûté !

Mademoiselle Charlotte était différente. D'abord, au moment de former les équipes, elle a insisté pour jouer. Et c'est son équipe qui a gagné ! Fred était furieux.

Il venait d'essuyer une rare défaite alors que moi, j'étais du côté des gagnants. Du jamais-vu !

L'enthousiasme de Mademoiselle Charlotte agissait sur nous comme une potion magique. J'en ai presque oublié que je déteste le soccer. Elle RIAIT, blaguait, nous ENCOURAGEAIT. Tous les joueurs se sont surpassés. Et au deuxième match, l'équipe de Fred a gagné. Lui-même n'avait jamais si bien joué.

À la fin de la pratique, Mademoiselle Charlotte a rangé Anatole dans son sac en prenant le temps de le caresser doucement. Comme s'il était vivant !

— *Nous allons maintenant désigner le joueur étoile de la journée*, a proposé notre entraîneuse. *Qui mérite cet honneur à votre avis ?*

Tous les yeux se sont tournés vers Fred qui affichait déjà un **sourire triomphant**. Il avait marqué le plus de buts, évidemment.

— Lui ? Ah non. Je ne vois pas pourquoi. Qui a le mieux perdu ? a-t-elle précisé.

Personne n'a répondu. On se demandait si notre entraîneuse faisait **EXPRÈS** pour nous provoquer ou si elle avait le cerveau un peu fêlé.

— Pensez-y. Demain, j'offrirai du smalalamiam à ceux qui auront trouvé une réponse satisfaisante.

Et pfuiit ! Elle est repartie.

Mille questions se bousculaient dans ma tête. Qu'est-ce que le smalalamiam ? Que peut bien signifier « MIEUX PERDRE » ? Et comment peut-on même imaginer préférer la défaite ?

D'habitude, à la fin d'une pratique, les joueurs se dépêchent de rentrer. On est fatigués, affamés, on a des tonnes de devoirs, des amis à voir, des émissions à regarder. Cette fois, c'était différent. Nous sommes **RESTÉS** à observer Mademoiselle Charlotte s'éloigner avec son drôle de sac et Anatole caché dedans.

C'est là que je me suis surpris à penser que son ballon était peut-être *magique*. Qu'avec n'importe quel autre, Mademoiselle Charlotte aurait été **poche**. Comme moi ! C'est là aussi que j'ai découvert que j'avais **HÂTE** au prochain entraînement. Et ça, franchement, c'était tout à fait ahurissant.

3

Pincez-moi quelqu'un !

Le lendemain, tous les élèves de l'école avaient entendu parler d'Anatole. Et de Mademoiselle Charlotte ! Mon ami Billy, à qui j'avais raconté notre premier entraînement, avait promis d'assister au deuxième.

Pauvre Billy Bungalow. Il est aussi malheureux que moi, mais pour des raisons contraires. Billy donnerait n'importe quoi pour faire partie de l'équipe. Mon ami est très bolé, mais il court à une vitesse d'escargot et il n'a pas tout à fait un corps d'athlète. Disons que Billy est un peu enveloppé, sans doute parce qu'il mange trop de **caramels mous**. Dès qu'il s'ennuie, Billy sort un caramel de sa poche ! En plus, son père n'est pas propriétaire d'une boutique

de sport. Alors, forcément, il n'a jamais réussi à faire l'équipe.

J'avais beaucoup réfléchi à l'énigme de Mademoiselle Charlotte, mais je n'arrivais pas à la **résoudre**. Tout le monde sait qu'on est mauvais perdant quand on se met à tout défoncer parce qu'on n'a pas gagné. Mais personne n'avait fait de crise de nerfs ou de colère. Alors comment pouvait-on perdre *mieux* ? J'en avais parlé à Billy, qui avait promis d'y réfléchir.

Ce jour-là, pour la première fois, il y avait des spectateurs à l'entraînement. Et pas seulement Billy. J'ai reconnu Fiona Falbala, une espèce de *Barbie* qui roule des yeux doux devant Fred Ferros. Miranda et

Monica, ses deux copines qui s'intéressent bien plus aux garçons qu'aux ballons, étaient également présentes, de même qu'une bonne douzaine d'autres enfants.

Mademoiselle Charlotte est arrivée en dernier. Elle s'est avancée vers nous, elle a déposé son sac et elle nous a offert un SOURIRE fracassant. Un sourire qui m'a réchauffé jusqu'en dedans. Et j'en avais bien besoin ! La veille, au souper, mon père m'avait tenu un discours qui m'avait détruit l'appétit :

— Jérémie, le jour du match, je m'attends à ce que tu performes. COMPRIS ? N'oublie pas que ton père est le propriétaire de Sport Plus. Il faut que tu comptes au moins un but. M'ENTENDS-TU ?

Je l'entendais tellement que mes oreilles bourdonnaient et mon cœur avait peur de battre.

— *Alors ? Qui a trouvé la réponse ?* a demandé Mademoiselle Charlotte.

Une voix a retenti dans l'estrade. C'était Billy !

— Il n'y a pas de bonne réponse, a déclaré Billy. Personne n'a mieux perdu parce que tout le monde s'est surpassé. Jérémie m'a raconté…

Le visage de Mademoiselle Charlotte s'est éclairé d'un sourire tellement radieux qu'elle semblait briller de l'intérieur.

— *Bravo, Billy!* s'est-elle exclamée.

Elle connaissait le nom de mon ami! Depuis quand? Encouragé, Billy a continué:

— Bien perdre, c'est peut-être juste comme bien gagner. Il faut simplement faire de notre **MIEUX**. Donner tout ce qu'on peut.

Mademoiselle Charlotte était au comble de la joie. Elle s'est mise à sautiller en poussant de PETITS CRIS RAVIS comme si Billy avait accompli un exploit.

— *Tu as parfaitement raison*, a-t-elle confirmé une fois calmée. *Hier, vous étiez tous des joueurs étoiles.*

Puis, elle a ajouté en fixant Billy :

— *Mais pourquoi ne joues-tu pas, toi ?*

Billy a baissé les yeux.

— Parce que je n'ai pas été choisi, a-t-il répondu, honteux.

Mademoiselle Charlotte ne semblait pas comprendre. Elle s'est tournée vers nous en espérant une explication. Mon regard a croisé celui de Fred. Il avait l'air **dégoûté**.

— Billy est **NUL**, a dit Fred. C'est tout. Comme Jérémie ! Mais lui, c'est une autre histoire...

Le pire, le plus étonnant, c'est que Mademoiselle Charlotte ne semblait pas comprendre davantage.

— *Aimerais-tu faire partie de l'équipe ?* a-t-elle finalement demandé à Billy.

Billy a avalé un peu de salive.

— *Oui*, a-t-il répondu d'une voix de punaise.

Puis, il s'est ressaisi et il a répété, plus fort :

— Oui, j'adorerais ça…

— *Alors, tu es officiellement admis !* a déclaré notre entraîneuse comme s'il ne pouvait y avoir d'empêchement.

Derrière moi, Fred Ferros a lâché, furieux :

— **PINCEZ-MOI QUELQU'UN ! ÇA SE PEUT PAS !**

Mademoiselle Charlotte ne s'est pas laissé intimider.

— *Qui d'autre veut se joindre à nous ?* a-t-elle demandé.

• • •

Quelques minutes plus tard, le nombre de joueurs avait **doublé**. Même Fiona Falbala, qui a toujours peur de se briser un ongle, était descendue de l'estrade. À croire que Mademoiselle Charlotte les avait tous hypnotisés.

Nous avons formé les équipes et nous avons joué. C'est tout. Comme la veille, il y avait quelque chose de *magique* dans l'air.

D'habitude, j'ai l'impression d'être une **USINE À GAFFES** sur un terrain de soccer. On dirait que le ballon se sauve dès que j'approche. Mais là, J'ÉTAIS BIEN. Personne ne me criait d'ordres, personne ne me lançait d'injures. Et à ma grande stupéfaction, j'ai réussi **DEUX FOIS** à frapper le ballon. Sans compter de but, bien sûr, mais, comme dit Mademoiselle Charlotte, ce n'est peut-être pas le plus important.

Cette fois, j'étais dans la même équipe que Fred. Nous menions trois à deux lorsque Mademoiselle Charlotte a expédié le ballon hors du terrain. Pendant une partie de soccer, ça arrive souvent, c'est normal. Mais là, c'était différent. Mademoiselle Charlotte avait fait exprès. C'était flagrant!

Elle se tenait maintenant debout au milieu du terrain, les bras ballants, les yeux tournés vers l'horizon, l'air extasiée, comme si elle contemplait une apparition venue d'une autre dimension.

— *Quel magnifique coucher de soleil!* s'est-elle exclamée au bout d'un moment.

Le ciel était splendide, en effet. Mais Fred Ferros s'en contrefichait.

— Je ne sais pas de quelle planète vous venez, mais nous, on s'entraîne pour remporter un match qui a lieu dans moins d'un mois. Et si ça continue, on va se faire MASSACRER parce que l'autre équipe a un *vrai* entraîneur. Qui crie, qui critique, qui dit quoi faire et même quoi manger.

Fred était déchaîné. Il s'est arrêté une demi-seconde pour reprendre son souffle, puis il a continué :

— Saviez-vous que Vincent Vaillant oblige ses joueurs à avaler un breuvage spécial deux fois par jour ? Je me suis renseigné. Il y a du lait de yak, des oeufs crus, des protéines en poudre, des vitamines en granules et des RACINES CHINOISES dedans.

Nous étions tous CATASTROPHÉS. On s'était bien amusés, mais on avait oublié ce qui nous pendait au bout du nez : le match contre l'école de la **Baie-des-Bleuets** ! Fred était peut-être de taille à les affronter. Mais pas moi. Ni Billy. Ni Fiona. Ni…

— *Du lait de yak ? Ouache ! Ils peuvent boire du lait de gorille si ça leur plaît. Rien ne vaut le smalalamiam !* a déclaré Mademoiselle Charlotte, confiante.

Le smalalamiam ! On l'avait oublié.

Mademoiselle Charlotte a sorti une **gourde** de son sac. C'est Billy qui avait mérité le droit d'y goûter. Il a avalé une gorgée. Puis une autre. Et une autre encore.

— Alors ? a demandé Laurent.

Billy s'est essuyé la bouche avant d'affirmer :

4

Je t'aime, Anatole

Pendant le week-end, j'ai parlé à ma cousine Marie. Elle voulait tout savoir de Mademoiselle Charlotte. Marie a promis d'assister au match de fin d'année avec son père. Même s'ils habitent à des heures de route. Elle veut absolument revoir son amie Charlotte et en profiter pour lui remettre un *objet précieux*, a-t-elle ajouté d'un ton mystérieux.

Marie m'a confié que Paulette Pénible avait téléphoné chez elle après avoir rencontré Mademoiselle Charlotte dans son bureau. Ce jour-là, Marie avait congé d'école. **Quelle chance!** C'est donc elle qui a répondu. Si son père ou sa mère avait pris l'appel, PP aurait peut-être découvert qu'on l'avait roulée.

Notre directrice était très *inquiète*. Non seulement l'apparence de Mademoiselle Charlotte ne lui avait-elle pas inspiré confiance, mais la nouvelle entraîneuse avait tenu des propos surprenants. Lorsque PP a demandé quel était

le secret de la victoire au soccer, notre entraîneuse a répondu : *le spling* !

Après le départ de Mademoiselle Charlotte, PP a cherché le mot « *spling* » dans le dictionnaire. Sans succès. Ce mot n'existe pas !

J'en ai profité pour expliquer à Marie que PP n'était pas la seule à s'interroger sur Mademoiselle Charlotte. Des parents l'auraient vue pique-niquer sur la pelouse devant l'église en plein centre-ville. Personne d'autre n'oserait s'installer là pour un repas ! Et Mademoiselle Charlotte ne s'était pas contentée de grignoter un sandwich sur la place publique. Elle avait étendu une nappe à carreaux, déposé un joli vase avec des fleurs, allumé des bougies et disposé plusieurs plats. Tous les passants la dévisageaient et elle ne semblait même pas le remarquer.

• • •

Après les cours, lundi, Billy et moi, on s'est changés en quatrième vitesse et on a filé vers le gymnase. Il PLEUVAIT trop fort pour qu'on joue au soccer dehors. En ouvrant la porte, nous avons reconnu la voix de Mademoiselle Charlotte. J'ai pensé qu'elle parlait peut-être avec PP. On s'est approchés et on a découvert

notre entraîneuse en grande conversation… avec son ballon !

— *Tu penses qu'ils peuvent comprendre ? Oui. Tu as raison. Il faut simplement leur donner du temps.*

Mademoiselle Charlotte a soupiré puis elle a caressé le **ballon** du bout des doigts.

— *Je t'aime beaucoup, Anatole*, a-t-elle ajouté. *Mais je m'ennuie de ma belle Gertrude…*

Il y a eu des GLOUSSEMENTS. D'autres élèves avaient entendu Mademoiselle Charlotte parler à Anatole. J'étais gêné pour elle. Mais Mademoiselle Charlotte ne semblait pas du tout embarrassée.

— *Je suis contente de vous revoir!* a-t-elle lancé. *Et Anatole aussi. Nous parlions de vous justement.*

— Vous discutiez... avec le ballon? a demandé Fiona.

— *Bien sûr. C'est la meilleure façon d'apprivoiser le soccer*, a fait valoir Mademoiselle Charlotte.

— Vraiment? Eh bien, moi, je pense qu'il faut être complètement toton pour discuter avec un ballon, a lâché Fred avec mépris.

Mademoiselle Charlotte a réagi comme si elle avait le pouvoir de bloquer les moqueries. Elle a offert à Fred un sourire radieux avant d'annoncer :

— *Aujourd'hui, chacun de vous apprivoise un ballon.*

Elle a ouvert une boîte d'équipement et en a sorti des dizaines de ballons.

— *Amusez-vous !* a-t-elle lancé joyeusement.

Cette fois, notre entraîneuse ne s'est pas jointe à nous. Elle s'est installée dans un coin du gymnase et elle a sorti un livre de la poche de sa robe. En passant devant elle, je l'ai entendue prononcer des paroles étranges :

— *Ah ! Comme la neige a neigé ! Ma vitre est un jardin...*

La grammaire de cette phrase m'a semblé *suspecte*. Par chance, Billy était derrière moi. Il m'a expliqué que Mademoiselle Charlotte récitait un POÈME. Un poème d'Émile Nelligan.

Billy Bungalow est vraiment bolé ! Et Mademoiselle Charlotte n'est vraiment pas ennuyante !

5

Le célèbre professeur Martinonini

Une heure plus tard, la plupart des enfants avaient donné un nom à leur ballon. Martin et Éric jouaient avec le leur comme si c'était une balle d'aki. D'autres faisaient des passes en utilisant la poitrine, la tête ou les fesses. Allongées sur le dos, Fiona et ses amies se lançaient leur ballon du bout des pieds en jacassant comme des pies. Et Laurent, qui

fréquente l'école de cirque, jonglait avec trois ballons.

Le plus drôle, c'étaient les conversations.

— Lance-moi Bilbo !

— Attrape King Kong.

— Je te ramène Philomène...

— As-tu vu Wilfred ?

L'atmosphère était hilarante. Et le plus extraordinaire, c'est que j'avais vraiment l'impression que Patate – c'est le nom de mon ballon – était de moins en moins un étranger. Je trouvais presque normal de lui parler.

On s'amusait vraiment bien lorsqu'un CRI d'hystérie a traversé le gymnase. Un cri comme si quelqu'un venait de tomber d'un cent vingt douzième étage.

C'était PP. Accompagnée de Fred. **LE TRAÎTRE!** Il était allé chercher la directrice afin qu'elle puisse constater elle-même les méthodes d'entraînement un peu inhabituelles de Mademoiselle Charlotte.

— **ÊTES-VOUS DEVENUS FOUS ? ARRÊTEZ IMMÉDIATEMENT CE CARNAVAL !** a rugi la directrice.

Tous les enfants présents à l'entraînement se sont immobilisés sur-le-champ. Notre directrice a fouillé le gymnase d'un regard **FÉROCE** et elle a découvert Mademoiselle Charlotte au fond de la salle, le nez plongé dans son recueil de poésie.

— Vous ! Vous êtes une impostrice… non ! une imposteuse… En tout cas, vous n'êtes pas une vraie entraîneuse. Ou alors moi je suis la fée des dents !

Nous étions tous consternés. Mademoiselle Charlotte allait se faire RENVOYER !

C'est là que Laurent a improvisé un discours.

— Madame la directrice, a-t-il commencé d'un ton HYPER-SÉRIEUX et archi-poli. Vous êtes peut-être un peu inquiète parce que nous parlons à un ballon. C'est normal ! Les méthodes d'entraînement de Mademoiselle Charlotte sont très très très… modernes ! Elles viennent tout juste d'être inventées par le célèbre professeur Martinonini de l'université de…

Là, le pauvre a hésité. Mais PP était tellement étonnée qu'elle n'a pas remarqué.

— ... de l'université de Rome en Italie, a-t-il continué. L'idée, c'est de développer une relation... INTIME avec le ballon. Pour mieux performer. Pour mieux... gagner!

Pendant un moment, PP est restée silencieuse. Heureusement, Laurent avait eu le génie d'utiliser les bons mots clés: PERFORMER et GAGNER. Finalement, PP a bredouillé des excuses, elle nous a souhaité une bonne pratique et elle s'est éclipsée.

Fred était FURIEUX.

— Ça va peut-être pour l'instant, mais PP va revenir. Et la prochaine fois, elle va exiger un plan d'entraînement.

— *Un plan d'entraînement ? Ça tombe un peu mal, parce qu'on n'en a pas...*, a admis Mademoiselle Charlotte en se tournant vers moi.

Mes camarades ont noté que Mademoiselle Charlotte me regardait. Tous les yeux étaient maintenant braqués sur ma pauvre personne. À croire que je détenais la solution !

Soudain, j'ai eu une révélation. Ce qui nous manquait le plus, c'était de la **stratégie**. Comme dans une partie d'échecs. Et la **stratégie**, c'est ma spécialité. Je ne comprenais pas comment Mademoiselle Charlotte avait fait pour le deviner mais tant pis.

— Billy et moi, on s'occupe du plan d'entraînement, ai-je annoncé en me demandant si c'était bien moi qui venais de parler.

Un grand RIRE a retenti dans le gymnase.

— JÉRÉMIE POURRI, L'AS DE LA STRATÉGIE ! s'est moqué Fred Ferros.

Normalement, ses insultes m'auraient **DÉMOLI**. Mais cette fois, j'ai suivi l'exemple de Mademoiselle Charlotte. J'ai construit un mur invisible entre Fred et moi. Et à mon grand soulagement, ses moqueries ne **m'ont pas atteint**.

6

Tête de têtard au Mexique

— T'es complètement malade ! s'est lamenté Billy tout le long de la route jusque chez moi.

Je ne l'ai pas laissé me décourager.

— Toi, Billy, tu vas écrire un faux plan d'entraînement pour rassurer PP. Un plan comme celui de Vincent Vaillant, avec des tas d'exercices **ÉPUISANTS**. Compris ?

— Pendant que toi, tu vas faire quoi ?

— Moi, je vais inventer un plan sur mesure pour une équipe avec des joueurs aussi poches que toi et moi. Un plan **stra-té-gi-que** !

Le projet était chouette, mais j'ai eu beau me creuser la cervelle durant une heure, je n'arrivais pas à trouver de **stratégie** brillante. J'imaginais déjà Fred Ferros riant aux éclats et gueulant :

— JÉRÉMIE POURRI PAS DE STRATÉGIE ! JÉRÉMIE POURRI SANS GÉNIE !

Je pensais aussi à mon père. Si je ne trouvais pas une façon d'améliorer mon jeu, il risquait de m'**HUMILIER** devant la foule au cours du match de fin d'année.

Je le sais, je le connais. C'est déjà arrivé avant.

Pendant les parties, mon père s'enflamme. On dirait qu'il ne s'en aperçoit même pas. Il se met à crier :

— **GROUILLE-TOI, JÉRÉMIE ! SORS DE LA LUNE ! FORCE-TOI UN PEU, BON DIEU !**

Au bout d'un moment, ça empire. Alors, il se met à hurler :

— **NON ! FAIS PAS ÇA ! C'EST NUL !**

Les paroles de mon père résonnent dans ma tête longtemps après. Un mot surtout : **NUL NUL NUL NUL ...**

Je commençais à avoir mal au ventre, comme chaque fois que j'ai peur ou que je suis inquiet, lorsque j'ai pensé à Mademoiselle Charlotte. Je me suis demandé ce qu'elle inventerait, elle. Je l'ai revue qui RIAIT et SAUTAIT DE JOIE sur le terrain en discutant avec Anatole. Je nous ai aussi revus dans le gymnase en conversation avec King Kong et Kiwi. Et là, enfin, j'ai eu une idée.

J'en ai parlé à Billy. Il a éclaté de rire. Mais tout de suite après, il m'a félicité.

— T'es un vrai génie, Jérémie.

• • •

Le lendemain, j'ai présenté mon plan à mes coéquipiers réunis sur le terrain.

— Notre objectif est simple. Nous devons **déstabiliser** l'adversaire, **distraire** son attention, **briser** sa concentration... et lui faire **oublier** qu'on veut compter des buts.

Ils me regardaient tous comme si j'avais la cervelle trouée. Tous, sauf Mademoiselle Charlotte. J'ai puisé du courage dans ses yeux couleur de ciel.

— Ceux qui sont capables vont offrir un spectacle. Quand on apprivoisait notre ballon, Éric et Martin ont fait des acrobaties comme s'ils jouaient avec leur balle d'aki.

J'ai continué en donnant d'autres exemples. J'avais vu Fiona avec un ballon en équilibre sur sa tête. Quand elle n'est pas trop occupée à se pâmer devant Fred Ferros, Barbie suit des cours de danse. Et j'avais été épaté par les jongleries de Laurent avec Tête de têtard. C'est le nom de son ballon !

— Si je comprends bien, au lieu d'une partie de soccer, on va offrir un **numéro de cirque**, a grogné Fred.

Je l'ai rassuré :

— Toi, Fred, tu vas jouer au soccer. C'est sûr ! Tout le monde sait que tu es le meilleur. On ne peut pas se passer de toi. Le but de ma **stratégie**, c'est de t'aider à marquer le plus de buts.

Fred avait maintenant les yeux ronds et la bouche ouverte comme un poisson.

— Autour de toi, il va y avoir du cirque, de la danse et du théâtre. À partir de maintenant, chacun de nous porte le nom de son ballon. Et on communique par CODE.

Il me manquait un élément pour que ça fonctionne. J'ai pensé au dernier cours de la journée : géographie.

— Disons que notre but à nous, c'est... l'Arctique, là-bas, au bout du terrain. Et celui de nos adversaires, c'est l'Antarctique, au sud, à l'autre extrémité. Entre les deux, il y a les Amériques. L'Amérique du Nord, qui est plus près de l'Arctique, c'est chez nous. L'Amérique du Sud, c'est chez nos adversaires. Il va falloir apprendre quelques noms de pays et se souvenir de leur emplacement. Comme ça, si Fiona crie « Passe à Tête de têtard au Mexique », on va savoir dans quelle direction envoyer le ballon. Mais l'autre équipe sera complètement perdue !

Tous les joueurs ont applaudi mon plan. Tous les joueurs, sauf Fred, ÉVIDEMMENT.

— Wooooooooooo ! Un instant ! a beuglé notre vedette.

J'ai tout de suite senti une odeur de catastrophe.

— Est-ce que Jérémie Génie peut nous expliquer quelle stratégie on va utiliser pour choisir les joueurs le jour du match ?

C'est comme si Fred venait de nous arroser à l'eau glacée. Dans ma tête, j'ai pensé : **NUL, NUL, NUL JÉRÉMIE**. J'avais complètement oublié qu'une équipe de soccer normale comprend onze joueurs. Pas plus.

Depuis l'arrivée de Mademoiselle Charlotte, le nombre de joueurs avait presque *triplé*. Elle avait accepté Billy, Nadia, Fiona, Éric, Monica et plein d'autres enfants. Certains jouaient très bien, d'autres beaucoup moins.

Grâce à Mademoiselle Charlotte, tous les participants s'amusaient et chacun avait l'impression d'avoir sa place dans l'équipe. Mais le jour du match, seulement onze d'entre nous pourraient jouer. On n'y peut rien. **C'EST LE RÈGLEMENT.**

Les regards se sont tournés vers notre entraîneuse. C'était à elle de trouver une solution. Et franchement, je ne voyais pas comment !

Mademoiselle Charlotte ne disait rien. Pourtant, elle ne semblait pas du tout découragée.

— Alors, Miss Céleri, qu'est-ce qu'on fait ? a lancé Fred sur un ton de défi. On déguise les joueurs de trop en fantômes ? Ou on les recouvre de peinture invisible ?

Mademoiselle Charlotte a éclaté de rire. Comme si Fred avait raconté la meilleure blague du monde.

— *Mais non, voyons ! C'est tout simple. Il existe une belle solution.*

Nous étions tous pendus à ses lèvres. Qu'allait-elle encore inventer ?

Mademoiselle Charlotte attendait qu'on devine. Mais personne ne trouvait de réponse.

— *Le jour du match, nous allons tirer au sort le nom des joueurs. Comme à la loto ou au bingo!* a-t-elle déclaré en haussant les épaules avec l'air de dire qu'on aurait pu y penser avant.

7

Du spling, s'il vous plaît

UN TIRAGE ! Nous étions en état de choc.

— J'ai une meilleure solution, a annoncé Fred. On choisit les onze meilleurs joueurs… et on se débarrasse de l'entraîneuse !

Tous les regards se sont à nouveau tournés vers Mademoiselle Charlotte. Elle n'était pas furieuse ni insultée. Elle a continué de CARESSER Anatole en nous observant tranquillement.

— Alors, qui est d'accord ? a demandé Fred. On forme une vraie équipe gagnante ou on s'arrange pour se faire **MASSACRER** ?

— Ça dépend de ce qu'on veut le plus, a résumé Jasmine. Remporter le match ? Ou donner une chance à chacun ?

On s'est tous mis à parler en même temps. Les avis étaient partagés. Éric a

fait valoir que l'idée d'un match, c'est quand même de **GAGNER**.

— Sinon, il n'y aurait que des entraînements, a-t-il lâché.

La plupart des joueurs semblaient d'accord. Fred en a profité pour réclamer un vote. Mademoiselle Charlotte ne disait toujours rien.

Devant moi, Billy mâchouillait nerveusement un **caramel mou**. J'avais remarqué qu'il en mangeait moins maintenant. Et je savais qu'il s'entraînait à la course à pied tous les matins depuis qu'il jouait au soccer avec nous.

Billy faisait tout ce qu'il pouvait pour améliorer son jeu. Il rêvait d'avoir sa chance. Tout comme Nadia, surnommée le MICROBE parce qu'elle est la plus petite élève de la classe. Grâce à Mademoiselle Charlotte, Nadia venait de découvrir qu'elle avait du talent avec un ballon noir et blanc.

— Dites quelque chose ! ai-je lancé à notre entraîneuse.

Elle a sursauté. On aurait dit qu'elle revenait de loin.

Elle a posé son regard bleu ciel sur nous. Puis, elle nous a parlé.

— *Anatole et moi avons remporté des tas de trophées*, nous a-t-elle confié. *Pas vrai, Anatole ? Mais un jour, il est arrivé un événement... Et nous avons compris. C'est tout.*

— Qu'est-il arrivé ? a demandé Laurent.

— Et qu'avez-vous compris ? a ajouté Fiona.

— *Nous avons compris que le plus important, c'est le* spling, a expliqué Mademoiselle Charlotte en ignorant la question de Laurent.

Plusieurs voix se sont élevées en même temps :

— **LE QUOI ?**

Mademoiselle Charlotte a rigolé.

— Le spling*, c'est... la joie. La joie du jeu. La passion du ballon. Le bonheur de tout donner. Et pas juste dans le but de gagner. Dans le but de bien jouer.*

Il y avait quelque chose d'excitant et aussi de réconfortant dans les paroles de notre entraîneuse. Nous l'écoutions avec beaucoup d'attention.

— *Pour moi, comme pour Anatole*, a poursuivi Mademoiselle Charlotte, *la plus belle équipe n'est pas celle des meilleurs compteurs. C'est celle dans laquelle il y a le plus de ferveur, de passion, d'ardeur...*

— Bon. Ça suffit les discours, a tranché Fred. C'est le temps de voter.

Nous avons voté en secret sur des petits bouts de papier pour que personne ne soit gêné. Puis, Jasmine et Monica ont compté les billets.

Chacun d'entre nous se demandait ce que les autres avaient décidé. Bientôt, Monica s'est avancée pour donner les résultats.

— Trois... contre vingt-trois, a-t-elle annoncé.

On attendait des précisions. Trois... pour qui ?

— TROIS pour Fred et VINGT-TROIS pour Mademoiselle Charlotte, a expliqué Monica.

J'ai cru qu'il me poussait des ailes. J'étais tellement content. Jusqu'à ce que Fred nous assomme avec deux petites phrases.

— JE DÉMISSIONNE. Je ne fais plus partie de l'équipe, a-t-il lâché en s'éloignant.

8

La réponse est dans le ciel

Nous étions sonnés.

— C'est la catastrophe ! a gémi Mélodie.

— Là, on est vraiment, mais vraiment dans le pétrin, a conclu Martin. Sans Fred, on va se faire MASSACRER.

— Le mieux, c'est d'annuler le match. On s'en fout que leur école porte le nom de Tony Brillant, a suggéré Fiona.

La proposition avait du sens. Même que plus on y réfléchissait, plus ça paraissait évident. Pour nous…

— *Annuler le match!? Jamais!* a déclaré Mademoiselle C. tout à coup. *Et pourquoi? Nous allons vivre un moment… fabuleux!*

Le pire, c'est qu'elle y croyait. Son visage *rayonnait* et elle semblait aussi excitée qu'une puce.

— Ah oui ? Vous ne comprenez donc pas, s'est impatienté Martin. C'est Fred qui compte presque tous les buts. Alors dites-moi comment on peut se débrouiller sans lui ?

Mademoiselle Charlotte ne nous écoutait plus. Les yeux levés vers le ciel, elle contemplait un vol d'oiseaux.

— Des outardes, a précisé Billy à mon oreille.

Notre entraîneuse s'est enfin souvenue qu'on existait. Mais au lieu de nous rassurer, elle a simplement lancé :

— *La réponse est dans le ciel...*

Et pfuiit ! Elle est partie !

9

Jus de sauterelles pour tous

Le lendemain, on est tous arrivés à l'entraînement déprimés. Fiona avait eu des nouvelles de Fred. Des nouvelles désastreuses ! Le traître allait jouer pour nos ennemis ! Sa mère habite à L'Anse-aux-Canards et son père à la **Baie-des-Bleuets**, alors Fred peut jouer où il veut. Il a le droit.

On était faits. Frits. Cuits. Finis. Nos adversaires allaient nous mettre en bouillie.

— *Vous avez besoin d'un petit remontant*, a décidé Mademoiselle Charlotte en nous voyant arriver.

Elle a ouvert son sac et en a retiré plusieurs gourdes :

— *Du smalalamiam pour tout le monde !*

Nous avons fait la queue. Comme dans Astérix lorsque le druide distribue la potion magique. En attendant son tour, chacun essayait de deviner ce que Mademoiselle Charlotte mettait dans sa potion. Personne n'osait le lui demander. On devinait que c'était secret. Laurent, qui aime bien dire des niaiseries, a suggéré que c'était sûrement un mélange de jus de fruits… et de pipi !

Chacun a eu sa ration. Le goût était à la fois **étrange** et *merveilleux*. Tout le monde s'entendait pour dire que le smalalamiam était délicieux.

— *Alors, qui a trouvé une réponse dans le ciel ?* a finalement demandé Mademoiselle C.

Billy a levé la main comme si on était en classe.

— Pour gagner, il faut imiter les OUTARDES, a-t-il répondu d'un ton très assuré.

Personne ne comprenait. Billy a dû expliquer.

— Les outardes réussissent à voler vite et longtemps en se relayant. Elles forment un grand V dans le ciel pour mieux affronter le vent. Les oiseaux qui sont à l'avant travaillent plus fort, mais ils sont vite remplacés par d'autres qui sont moins fatigués.

— O.K. Mais… c'est *quoi* le lien avec le soccer ? a demandé Miranda.

— *Le lien ? Mais c'est l'entraide !* a répondu Mademoiselle Charlotte avec enthousiasme. *Si elles volaient seules, les outardes ne réussiraient jamais leurs exploits. Elles y parviennent en s'associant.*

La stratégie était *ingénieuse*. J'étais fier de notre entraîneuse.

— Mademoiselle Charlotte a raison, ai-je ajouté. Aucun de nous, seul, ne pourrait remplacer Fred. Mais si on s'unit, ça peut fonctionner. Il va falloir changer souvent de position et faire beaucoup de passes. Chacun doit donner tout ce qu'il peut.

On a décidé d'essayer. Là, tout de suite, malgré la fine pluie qui s'était mise à tomber. Au début, chacun courait vite et loin mais sans échanger le ballon. C'est normal, on avait toujours joué comme ça. Peu à peu notre jeu a changé. Quand Monica m'a fait une passe, j'ai **FONCÉ**, le plus vite que je pouvais, en poussant le ballon. Puis, j'ai fait une passe à Éric.

Éric a fait une passe à Fiona,

Fiona à Laurent et… nous avons marqué un but.

UN BUT D'ENTRAIDE.

•••

À partir de ce jour, tous les joueurs ont réalisé d'énormes progrès. Était-ce grâce au *smalalamiam* que nous servait Mademoiselle Charlotte avant chaque

entraînement ? À la stratégie des outardes ? Ou aux techniques de divertissement ?

On continuait de s'amuser à deviner ce que Mademoiselle C. mettait dans sa potion magique. Sûrement pas du lait de yak en tout cas ! De temps en temps, Fiona nous donnait des nouvelles de Fred et de ses coéquipiers. On avait tous compris qu'il y avait de l'amour dans l'air entre Fred et Fiona.

À première vue, Fred n'était pas si heureux chez nos ennemis. Fiona racontait que leur entraîneur, Vincent Vaillant, n'arrêtait pas de HURLER des ordres. Il n'était jamais content, jamais encourageant.

Nous, c'était tout le contraire. Avec Mademoiselle Charlotte, on ne se sentait jamais poche ni moche. Sauf le jour où Martin a traité Éric de bozo…

Martin voulait seulement faire enrager Éric pour mieux lui enlever le ballon. Mais Éric a répliqué en traitant Martin de retardé. Après, ils ont commencé à se frapper. Rien de bien surprenant.

Sauf qu'en découvrant ça, Mademoiselle Charlotte est devenue… comme morte. On aurait dit que quelqu'un lui avait retiré ses piles. Elle est restée un long moment sans bouger. STATUFIÉE. Tellement qu'on a eu peur et Laurent a séparé les deux batailleurs.

Mademoiselle Charlotte est redevenue normale. Enfin, presque. On aurait dit que quelque chose en elle s'était éteint. Elle a fait quelques pas puis elle a déclaré que l'entraînement était terminé. Pourtant, il venait juste de débuter !

Avant de nous quitter, notre entraîneuse s'est adressée à Éric :

— La prochaine fois, ne gaspille pas ta colère. C'est un formidable carburant.

Éric ne comprenait pas. Encore une fois, Billy a dû expliquer :

— La prochaine fois, au lieu de frapper Martin dans le front, frappe le ballon dans le filet.

• • •

Le lendemain, Mademoiselle Charlotte semblait tout à fait mieux. Quant à nous, on avait compris que les batailles étaient défendues. Dans le livre de règlements de

Mademoiselle Charlotte, l'harmonie était plus importante que le nombre de joueurs.

Une semaine plus tard, un autre drame, encore plus grave, a **ÉCLATÉ**. On simulait le grand match de fin d'année avec deux équipes tirées au sort. J'étais spectateur, Billy aussi. On n'était pas trop déçus, car le match était *passionnant*.

Pendant que Nadia courait sur le terrain, quelqu'un a crié :

— King Kong au Québec !

Pierre-Luc a attrapé le ballon pour faire une passe à Laurent. Éric a tenté de l'intercepter, mais Laurent s'est mis à jongler avec le ballon. QUEL SPECTACLE! C'était tellement bon qu'on en a oublié la partie. Tout le monde l'a applaudi.

C'est là que l'ORAGE a éclaté. Pas dans le ciel. Sur le terrain.

Avec l'arrivée de PP.

10

Le secret de Mademoiselle C.

La colère de notre directrice la transformait en ouragan. Qui fonçait droit sur Mademoiselle C.

— Espèce de vieux salsifis ! Tête de noix ! Grande nigaude ! hurlait-elle à pleins poumons en s'approchant de notre entraîneuse.

Mademoiselle Charlotte attendait. Elle ne semblait pas du tout intimidée. On aurait plutôt dit qu'elle avait pitié de PP.

Arrivée à quelques centimètres du nez de Mademoiselle C., notre directrice l'inondait encore d'injures. C'est là que notre entraîneuse nous a surpris. Encore une fois !

— *Pauvre cocotte !* s'est exclamée Mademoiselle Charlotte en contemplant Paulette Pénible.

Notre entraîneuse gardait les yeux vissés sur notre directrice et il y avait beaucoup de… de tendresse dans son regard. Oui, je pense que c'est le bon mot.

La colère de PP a tombé. Notre directrice semblait seulement triste. Et perdue.

Alors, Mademoiselle Charlotte lui a ouvert ses bras.

Et là, croyez-le ou pas, PP s'est jetée dedans. Pas pour frapper Mademoiselle Charlotte ou pour l'injurier. Pour être consolée !

Notre directrice **BRAILLAIT** maintenant comme une enfant.

— Bouhou ! Snif, snif. Bouhouhou ! Snif, snif. Bouhou !

Mademoiselle Charlotte a entraîné PP derrière un bouquet d'arbres à l'extrémité du terrain. Fiona a été désignée pour épier PP et Mademoiselle C. Au bout d'un moment, notre espionne est revenue et elle nous a tout raconté.

Quelle histoire ! Les adultes sont parfois bien compliqués.

Paulette Pénible a confié à Mademoiselle C. pourquoi elle voulait à tout prix remporter la VICTOIRE. Elle ne tenait pas tant que ça à ce que son école porte le nom de Tony Brillant. Ce qu'elle souhaitait réellement, ce qu'elle désirait plus que tout, c'était simplement être MEILLEURE que sa sœur.

Yvette et Paulette sont jumelles. Personne ne sait laquelle des deux est née en premier. Yvette jure que c'est elle. Et Paulette soutient le contraire. Depuis qu'elles sont nées, chacune veut toujours être la première, la plus belle, la meilleure.

Notre entraîneuse a longuement écouté notre directrice. Quand PP a semblé aller mieux, Mademoiselle C. lui a confié un secret. Un secret qui a complètement transformé Paulette Pénible.

— *Vous n'avez plus à vous disputer avec votre soeur, madame Paulette*, lui a expliqué Mademoiselle C. *Ce n'est pas nécessaire d'être la meilleure. Vous êtes unique. C'est bien assez.*

PP a dévisagé Mademoiselle Charlotte comme si notre entraîneuse avait le **visage vert** et des antennes sur le front. Puis, peu à peu, un sourire timide est venu **éclairer** son visage. Et finalement, PP a réussi à sourire franchement en contemplant Mademoiselle Charlotte comme si notre entraîneuse venait de lui décrocher la lune.

Pendant que Fiona nous rapportait ça, j'ai entendu du bruit derrière nous. C'était Fred. Le traître de la **Baie-des-Bleuets** devenu espion !

Je l'ai vu s'éclipser en douce. Personne d'autre ne l'avait remarqué.

Je me suis demandé si Fred avait entendu le **SECRET** de Mademoiselle C. Et ce qu'il pouvait bien en penser.

11

Le super botté de défoulement

Le matin du grand match de fin d'année, j'étais tellement nerveux que j'ai rangé le lait dans l'armoire et les céréales au frigo. J'allais partir lorsque mon père m'a intercepté :

— Bonne chance, fiston. Bon match...

J'ai espéré très fort que mon père s'arrêterait là. Qu'il n'y aurait pas de menaces ni de pression. Mais non ! Il a ajouté :

— Arrange-toi pour ne pas me faire honte ! **SINON...**

Il a pris un moment pour réfléchir avant de compléter sa phrase :

— Sinon, je vais te servir d'entraîneur pendant les vacances. Et crois-moi, tu vas apprendre à compter ou alors je ne m'appelle pas Roger !

L'avertissement de mon père m'a complètement aplati. Jamais je ne survivrais à un tel été. Puis, j'ai **songé** que je n'étais même pas sûr de jouer. Ça, mon père ne s'en doutait pas. J'allais peut-être m'en tirer…

À mon arrivée sur le terrain, Laurent a crié :

— Tout le monde est là. On peut piger.

Mademoiselle Charlotte a plongé une main dans un vieux sac de chips contenant tous nos noms.

Pauvre Billy ! Son nom n'a pas été pigé. Le mien, par contre, est sorti.

Ça m'a un peu découragé. À cause de la présence de mon père. Sinon, j'aurais peut-être été content de jouer.

Avant même le début du match, la différence entre les deux équipes nous a frappés. Pendant qu'on se régalait de smalalamiam – personne n'avait encore trouvé les ingrédients secrets de la recette ! – les joueurs de l'autre équipe faisaient la grimace en avalant leur jus de yak. Après, pour nous aider à relaxer, Mademoiselle Charlotte nous a posé une devinette :

— *Qu'est-ce qui est invisible et sent la banane ?*

Pendant qu'on riait de la réponse (**un pet de singe !**), les joueurs de l'autre équipe s'essoufflaient à courir autour du terrain. Et alors que Mademoiselle Charlotte nous enseignait à donner des massages en répétant que l'important, c'était de bien jouer et de s'amuser, Vincent Vaillant gueulait :

— VOUS ÊTES ICI POUR GAGNER. QUE JE N'EN VOIE PAS UN L'OUBLIER !

Sa voix était menaçante, son regard terrifiant.

À ses côtés, Yvette Pénible n'était pas plus encourageante. J'aurais préféré faire cent fois le ménage de ma chambre pendant toute une journée plutôt que jouer de leur côté.

Le match a enfin débuté. Nos adversaires étaient dans une forme redoutable. Ils **fonçaient** sur le ballon comme si leur vie en dépendait. Pierre-Luc, notre gardien de but, avait beau courir et bondir pour arrêter le ballon au filet, nos adversaires ont rapidement marqué trois buts.

Soudain, quelqu'un a crié :

— Crapouti en Floride !

Suivi de :

— King Kong au Québec !

Et là, quelque chose de magique s'est produit. Nous nous sommes sentis unis. Ça nous a donné de l'énergie.

Les passes se sont multipliées jusqu'à ce que Fiona intercepte le ballon. Les spectateurs sont tombés sous le charme lorsqu'elle a effectué une pirouette de ballerine avec le ballon sur sa tête. De nombreux parents se demandaient ce qui se passait, mais personne ne s'ennuyait.

Que faisait Mademoiselle C. pendant ce temps? ELLE TRICOTAIT! Oui, oui. Elle tricotait à folle allure un foulard dont la longueur était déjà digne d'un record Guinness. Plus le match se corsait, plus ses aiguilles cliquetaient rapidement.

C'était vraiment drôle à voir. À un moment, j'ai surpris le regard de Fred. Il était totalement halluciné par la scène, mais j'aurais presque juré qu'il souriait.

Nos adversaires paraissaient de plus en plus déroutés. Quand Laurent a exécuté ses prouesses acrobatiques, ils ont été tellement distraits qu'on a pu marquer un premier but. Et peu après, un deuxième.

L'équipe de **Baie-des-Bleuets** menait quatre à deux quand le ballon m'a frôlé.

— **RÉVEILLE-TOI, JÉRÉMIE, T'ES PAS DANS TON LIT !** a crié mon père assez fort pour que tout le monde entende.

Ça m'a scié en deux. J'étais **FURIEUX**. J'ai cherché mon père dans la foule. Mon regard a croisé celui de Mademoiselle Charlotte. À ses côtés, j'ai reconnu PP. La nouvelle PP transformée, qui souriait comme jamais auparavant. Et Marie. Ma belle cousine amie. Ça m'a réconforté.

Là, quelqu'un a crié :

— Patate en Ontario !

Éric m'a fait une passe. Le ballon était tout près quand j'ai entendu :

— **GROUILLE TES FESSES**, Jérémie !

C'était encore mon père.

De la fumée de dragon allait me sortir du nez lorsque je me suis souvenu du conseil de Mademoiselle C. : transformer la rage en carburant.

J'ai reculé d'un pas et j'ai frappé le ballon de toutes mes forces. Un super botté de défoulement !

La foule s'est mise à applaudir vivement. Je venais de marquer un BUT ! Pour la première fois de ma vie.

• • •

Après, tout s'est déroulé très vite. Fiona allait intercepter le ballon lorsqu'un joueur de l'autre équipe, un genre de gros gorille, lui a fait un croc-en-jambe. Fiona est tombée et elle est restée allongée sur le sol.

Le jeu a été arrêté. Fiona était blessée. Une entorse au pied. La pauvre ne pouvait plus marcher. Il fallait la remplacer.

Le pire, c'est que l'arbitre n'a rien dit. Et au lieu de réprimander son gorille, Vincent Vaillant lui a donné des tapes dans le dos. Je le sais, je l'ai vu. J'ai aussi vu Fred se lever pour protester auprès de son entraîneur en gesticulant vivement.

Notre équipe s'est réunie autour de Mademoiselle Charlotte et du vieux sac de chips. Il y avait de l'**ORAGE** dans l'air. Nous étions très fâchés contre le joueur coupable et aussi contre l'arbitre, qui n'avait pas réagi.

Mademoiselle Charlotte se préparait à piger un nom quand quelqu'un a crié :

— Non, attendez !

C'était Fred. Il voulait **RÉINTÉGRER** notre équipe. Il en avait assez de Vincent Vaillant et du gorille qui avait blessé sa bien-aimée.

Laurent a écrit le nom de Fred sur un bout de papier. La tension était forte. Nous avions très envie d'**ÉCRASER** nos ennemis. Tous les joueurs souhaitaient que le billet de Fred soit pigé. Tous les joueurs, sauf peut-être Billy. Billy caressait encore l'espoir d'avoir enfin sa chance.

Mademoiselle Charlotte a plongé une main dans le sac, en a retiré un petit billet, l'a déplié et…

— Fred Ferros ! a déclaré Mademoiselle C.

Pendant un bref moment, j'ai songé qu'elle avait fait exprès pour piger le nom de Fred. Mais je n'ai pas eu le temps de mijoter ça longuement parce que Fred a rugi :

— On va les **MASSACRER** !

12

Buts et bisous

Personne n'a bougé. Quelque chose dans le ton de Fred nous avait frappés. Mademoiselle Charlotte est restée silencieuse mais on pouvait lire sur son visage. Il nous disait que toutes ces semaines d'entraînement, tous ces litres de smalalamiam ne devaient pas mener à ça.

Près de nous, Fiona était installée sur un banc, la jambe relevée, un sac de glace sur le pied. Fred l'a observée un moment avant de s'adresser à Mademoiselle C.

— Qu'avez-vous de mieux à suggérer? a-t-il demandé d'un ton presque poli.

— *La meilleure façon de vous venger, ce serait de vraiment, mais vraiment... vous amuser!* a répondu Mademoiselle C.

Ces paroles m'ont atteint en plein **cœur**.

— Elle a raison. Au lieu de faire comme eux, on devrait leur montrer comment on peut être heureux sur un terrain de soccer.

C'est moi qui venais de dire ça.

— Alors, Fred, qu'en penses-tu ? a demandé Fiona, les yeux brillants et le sourire invitant.

— Bon… D'accord ! a dit Fred. On va leur montrer qu'en plus de savoir jouer, on sait s'amuser.

• • •

Mademoiselle C. avait raison. Ce fut un match *fabuleux*. Monica a chanté un bout de sa chanson préférée en faisant bondir le ballon entre ses pieds. Nicolas nous a surpris avec deux culbutes arrière et Théo avec un saut spectaculaire. Fred a traversé plusieurs fois le terrain à toute vitesse en déjouant totalement nos adversaires. Et tous les joueurs de L'Anse-aux-Canards ont multiplié les appels et les passes en utilisant un code secret.

On s'est défoulés, on a ri, on a sauté, on a crié. Et Fred a compté un but. Mais, surtout, on s'est réellement bien AMUSÉS. Nos adversaires semblaient de plus en plus abattus. Comme si notre joie les déprimait. Peut-être découvraient-ils enfin à quel point ils passaient à côté de la beauté du jeu.

Le compte était maintenant à ÉGALITÉ. Il suffisait que Fred envoie à nouveau le

ballon dans le filet pour qu'on gagne la partie.

— Vas-y, Fred ! l'a encouragé Fiona depuis l'estrade.

Fred s'est retourné pour voir sa bien-aimée. En route, son regard a croisé celui de Billy. Fred s'est alors élancé vers le ballon… et il s'est étalé de tout son long.

Le jeu a encore été arrêté. Personne ne comprenait ce qui venait d'arriver.

Fred s'est relevé. Il n'a même pas fait semblant de boiter. Il est allé droit vers Billy :

— C'est à ton tour ! lui a-t-il dit.

L'affaire était parfaitement claire. Fred n'était pas blessé. Il voulait simplement donner sa chance à Billy !

Billy Bungalow n'en croyait pas ses yeux.

— Allez ! Grouille avant que je change d'idée, a grogné Fred en le poussant vers le terrain.

Nos adversaires ont repris **COURAGE** en découvrant que Fred avait été remplacé. Ils sont passés à deux cheveux de compter le but gagnant. Pierre-Luc a arrêté le ballon de justesse.

C'est là qu'une voix s'est élevée de l'estrade. Une voix qu'on n'avait pas encore entendue.

— *Vas-y, Billy ! Tu es capable !* a crié Mademoiselle Charlotte sur un ton de certitude inébranlable.

Trois minutes plus tard, Billy bottait le ballon dans le filet.

NOUS AVIONS GAGNÉ !

La foule était en délire et Billy semblait flotter sur un nuage. Jamais de ma vie je n'avais vu quelqu'un d'aussi heureux.

Pendant qu'on sautait comme des singes pour exprimer notre joie, Fred s'est frayé un chemin jusqu'à Fiona. Et là, devant tout le monde, il a déposé un *bisou* sur sa joue !

Épilogue

Notre directrice nous a félicités chaudement. Et elle nous a invités à choisir nous-mêmes un nouveau nom pour notre école. Personne ne tenait tant à celui de Tony Brillant. Laurent a eu une idée :

— L'Académie Smalalamiam ! a-t-il suggéré.

Fiona en a profité pour supplier Mademoiselle Charlotte de nous dévoiler la recette secrète du smalalamiam. On avait réussi à deviner qu'il contenait du jus de *pêche*, du *miel*, des *noisettes pilées* et du *caramel*, mais il nous manquait au moins un ingrédient pour expliquer son efficacité.

— *Vous n'avez pas trouvé ?* s'est étonnée Mademoiselle C. *L'ingrédient secret, c'est le* spling*!*

Mon père est venu me **FÉLICITER**. Il m'a donné une petite tape dans le dos en déclarant :

— Je le savais que je finirais par faire de toi un marqueur !

J'ai observé mon père. Il était **FIER** de moi. Mais pas parce que j'avais tout donné : uniquement parce que j'avais marqué un but.

Tout est devenu clair. J'ai réuni mon courage et j'ai annoncé à mon père :

— Je ne serai jamais un grand marqueur, papa. J'aime jouer, c'est tout. Mais je suis un as stratège. L'an prochain, je serai assistant-entraîneur.

Mon père n'a pas répliqué. Je pense qu'il était trop surpris de me découvrir aussi déterminé.

Marie m'attendait dans l'estrade. Seule. Dans sa main, elle tenait **un caillou**.

— Je te présente *Gertrude*, a-t-elle déclaré d'une voix émue.

Ma cousine m'a expliqué que Gertrude n'est pas une simple roche. C'est la grande confidente de Mademoiselle Charlotte. Marie en avait la garde depuis un bon moment. C'était ça, l'objet précieux dont elle m'avait déjà parlé sur un ton mystérieux.

— Mademoiselle Charlotte avait hâte de la retrouver, a poursuivi Marie. Mais elle a décidé de te la confier. C'est elle qui m'a chargée de te la remettre…

J'ai mis un moment à comprendre.

— Ça veut dire qu'elle est partie ?

Marie a fait signe que oui.

Je me suis senti abandonné et perdu. Je découvrais tout à coup la place énorme qu'occupait notre entraîneuse dans ma vie.

Marie a compris ce que j'éprouvais. Elle a ouvert ma main et elle y a déposé Gertrude. J'ai immédiatement senti qu'il y avait un peu de Mademoiselle Charlotte dans cette roche.

• • •

Je parle souvent à Gertrude. Surtout quand mon père me met trop de pression. Gertrude me rappelle les paroles de Mademoiselle C. Je me souviens alors que je n'ai pas à être le meilleur. Je suis **unique**. Ça suffit.

Mademoiselle Charlotte a raison.
Je le sais.

Comme je sais qu'un jour, bientôt peut-être, elle va réapparaître dans ma vie.

Fin

Remerciements

Mes vifs remerciements à Julie Cyr et à ses élèves de l'école Louis-Lafortune, à Suzanne Gaudreault, Linda Clermont, Anne Guay, et aux jeunes lecteurs de l'école Saint-Clément. Toute ma reconnaissance à Anne-Marie Villeneuve et Marie-Josée Lacharité pour la première mouture de ce roman et à Stéphanie Durand pour cette adorable nouvelle version. J'en profite pour remercier chaleureusement l'équipe de Québec Amérique, sans qui ce livre ne serait pas le même. D'éléphantesques remerciements à Fabio Pellegrino qui a su donner une nouvelle vie à Mademoiselle C.

Dominique Demers

Comme Mademoiselle Charlotte, Dominique Demers a exercé mille métiers, mais ce qu'elle préfère, c'est écrire des livres. Son amour de l'écriture, les lecteurs le lui rendent bien en faisant de ses romans des succès populaires aussi bien que critiques. La série *Charlotte* s'est vendue au Québec et en France à près d'un demi-million d'exemplaires, sans compter les traductions ! Charlotte est même la vedette des films *La Mystérieuse Mademoiselle C.* (2002) et *L'Incomparable Mademoiselle C.* (2005). Dans cette série, Mademoiselle D. offre aux jeunes des histoires amusantes avec une héroïne aux idées folles, mais drôlement attachante et émouvante.

Adresse du site de l'auteure : dominiquedemers.ca

Fabio Pellegrino

Après des études au cégep du Vieux-Montréal en dessin animé, Fabio Pellegrino a séjourné deux ans en Italie pour suivre une formation à l'Institut Européen de Design de Milan. À présent, il travaille principalement en animation (design de décors et de personnages), mais fait aussi un peu de tout : bande dessinée, jeux vidéo, pochettes d'albums, vêtements, *story-boards*, etc. Pour Fabio, toutes les raisons sont bonnes pour dessiner !

Fiches d'exploitation pédagogique

Vous pouvez vous les procurer sur notre site Internet à la section jeunesse / matériel pédagogique.

quebec-amerique.com